AF429207

las voces que me habitan

the voices that inhabit me

maren sofía bravo

cover design and illustrations by Jennifer Kosharek
@kosharekart

edited by Sara Ries Dziekonski and Lake Angela at
Poetry Midwifes Editors

editado en español por Bernardita Maldonado, Ph.D.

ISBN: 979-8-218-15779-1

EISBN: 979-8-218-15780-7

a todos quienes se dejan conmover por la poesía

to all who allow themselves to be moved by poetry

contents

prefacio

Poesía intensa y conmovedoraa

Aunque es el primer libro editado de Maren Sofía Bravo, *las voces que me habitan* no es el primero. Por lo visto, ha dejado a un lado un libro anterior, su primer esfuerzo poético, que no llenaba quizá sus propias expectativas poéticas. Con la paciencia que amaba tanto R. M. Rilke y el trabajo, Maren Sofía Bravo nos ofrece un libro maduro. El trabajo poético y la paciencia, que no son otra cosa que la certeza en el porvenir de las semillas sembradas, tanto en la tierra como en el corazón. A lo mejor sin conocer a Rilke para nada, Maren Sofía Bravo ha tomado por suyas sus verdades: «Se debería esperar y saquear toda una vida […] y después, por fin, más tarde, quizá se sabrían escribir las diez líneas que serían buenas. Pues los versos no son, como creen algunos, sentimientos (se tienen demasiado pronto), son experiencias». *las voces que me habitan* es, pues, como en ningún otro poeta, *vida vivida*.

En la primera parte del libro, en el poema "el destino y la flor", se encuentran un mendigo y una mujer hermosa. El mendigo recoge flores, tal vez en los parques de la ciudad. Al pasar ella, él le ofrece una de ellas a cambio de una moneda. Ella no tiene dinero; no obstante, recibe la flor. Quizá, «como merecido tributo a su hermosura». El poema me ha hecho recordar otro sobre el Cid Campeador y un mendigo. El Cid tampoco tiene dinero; por tanto, le ofrece tan solo un apretón de manos, que el mendigo recibe y aprecia en silencio. Bajo la luz de la luna, el mendigo se pregunta por el destino de esa mujer. No es exagerado pensar que la flor que la acompaña ha embellecido más aún su vida, quizá su destino de mujer.

El poema "aquí y ahora" dice: «duele la vida / vamos buscando un amigo / vamos hambrientos de amor / en este tiempo y lugar / de miradas abiertas a precipicios del alma // en esta hora oscura / de temor al hermano / de ambición desmedida / de tener para ser / y al final no ser nada / vamos hambrientos de amor / vamos clamando ternura / vamos locos de toda locura / locos de soledad». El poema me ha llevado a recordar unos versos de Emily Dickinson que «No es que el morir nos duela tanto / es el vivir lo que duele más». El yo lírico enuncia un "hambre de amor"; sin embargo, la posibilidad de conseguir saciar esa hambre encuentra un temor, justamente en el "otro"; es decir, en el posible dador del amor. El nivel de ambigüedad del poema diversifica los significados. Lo que empieza como un poema de amor ya no lo es luego o no lo es en la medida en que los primeros enunciados nos permitían vislumbrar. Los últimos versos enuncian un valor ontológico: la soledad como destino del hombre.

El poema "malvenidos" se refiere a una realidad actualísima: la migración. El poema parece enunciar que todos somos emigrantes; por lo tanto, todos somos indocumentados, apátridas. Un estigma que pesa en todo ser humano, incluso en su propia patria y hasta en su propio hogar.

"vida inclemente" juzga el destino humano; mejor dicho, los fracasos que acompañan toda vida; incluso las vidas que triunfan. El verso "sueños de alas rotas" lo sentencia así.

El poema "añorando", cuyo primer verso dice: «con ganas de encontrarte», habla del amor «que revienta en olas, en titilar de estrellas, en trinar de pájaros / solo para verte sonreír». Sin duda contiene las hipérboles que definen el amor. La rima XXIII de Bécquer dice: «Por una mirada, un mundo; por una sonrisa, un cielo; por un beso, yo no sé que te diera por un beso». Sin embargo, «el solo para verte» puede tener más de un sentido, en virtud de su secreta ambigüedad poética.

El texto "ella", a propósito del llanto de una niña, que bien pudiera ser una hijita, es otro ejemplo del planeta hiperbólico del amor, en este caso el amor maternal. Según dicho texto, toda la grandeza y hermosura de la naturaleza del mundo se destruye cuando una niña llora; por lo menos hablando del mundo del poema.

El poema "alimento de la tierra" podría ser el sueño de una madre que anhela rodear la vida del hijo de puertas abiertas y triunfos, para que su vida no sea una simple vida, sino el ejercicio de la dicha, de la magia y de la gloria. Está elaborado con los deseos legítimos del corazón humano.

El texto "escribo" concibe la escritura como una fantasía, una liberación, una fiesta de todo el cuerpo, de la mente y del alma. Un trabajo gozoso, como debería ser, que conecta secretamente con un sentimiento dickinsoniano: «se viaja mejor en el poema / que en el más brioso y rápido corcel».

"oda a la vida", quizá como las odas de Pablo Neruda, es una exhortación a amar la vida; toda vida, especialmente la del "otro", entendida en un sentido muy amplio: la vida del hijo, la del hermano, la de los animales, la de los árboles, la del mar. «sumérgete en ella, hónrala / prolóngala / regálale tu vida». No hay argumento alguno para esa exhortación, como en el caso de la belleza, cuyo brillo lo justifica todo; hasta la entrega de la vida.

En "urge despertar", como el poema anterior exhortaba a vivir, este exhorta a amar. «amar a los niños / a los locos / a los estudiantes / a los policías». Luego solicita no ignorar el llanto de la madre, el dolor del soldado, la soledad del mendigo. En tercer lugar, el yo poético pide la paz universal, acaso la paz del amor.

En "bajo una luz nueva", el yo poético imprime una variación a los contenidos del poema anterior. Ahora quiere «reconstruir el mundo / bajo una luz nueva / pura / íntegra, serena. // por qué no cambiarlo todo /credos / ideologías / dioses / metáforas». Como si se hiciera la limpieza de una casa repleta de cachivaches, casa que es la vida humana, para, a corazón limpio, ser «más humanos».

En el poema "recomenzar" persiste la idea anterior; ahora con más fuerza, quizá. «vamos a empezar de cero / a comenzar de nuevo / como si todo cuando hemos vivido hasta hoy / quedara fuera de la memoria / como si todo dolor perdiera su huella». Este último verso de sencilla y humana belleza.

El poema "remordimiento" es el título también de un desolado poema de Borges. Lo destaco por sus enunciados poéticos impactantes. «si los milagros existieran / tus ojos dejarían de reconocer en mí / su mercenario». La estrofa final es de contundencia parecida: «volverías a ser tú / sin rastro de mí y mis miserias / si los milagros existieran». Para mí, Maren Sofía Bravo está especialmente dotada para enunciar el deterioro de la vida cotidiana entre el hombre y la mujer. No sin una autoinculpación del propio yo poético, quizá en razón de que los suyos son deterioros más intensos y más intensa la conciencia de ellos. Las ilusiones del yo poético arrasadas por la erosión diaria que acaso arrasan también con las ilusiones del "otro". Hay amargura, pero también valentía. Y, sobre todo, sobrecogedora belleza.

En "ni perdón ni olvido" persiste el yo poético en el mismo tema y en la autoinculpación como parte de la desdicha diaria de la pareja. Es muy fácil atribuir al otro la desgracia propia. La honestidad del poema anterior, asciende aquí un grado más. «no hay tregua / no hay enmienda / la batalla es campal / es eterna // los gritos / los silencios / las heridas». Son historias cubiertas de silencio, pero aquí ese silencio ha sido roto, creo que para bien de la vida y de la poesía.

"suicida", breve e intenso poema que gira alrededor de la imposibilidad de detener la mano del hombre que quiere acabar con su vida.

"plenitud" es un muy buen poema con un trasfondo de tragedia humana, no sin atisbos de grandeza. «saberte completo / aún cuando sientas que / podrías recoger del suelo/ tus pedazos».

En el texto "rutina", el reiterativo tema del deterioro de la relación de pareja no es solo una reiteración temática, sino la de la angustia humana. «cómo se hacen molestos / la cotidianidad / el día a día / el orden / el desorden / las voces / que de tanto escucharse / se convierten en silencios / cantaletas sin sentido // me desentiendo de ti / de mí / de este mundo y sus desgracias / de la cama destendida / los platos sucios aún sobre la mesa / de tu sed de tenerme / pero ya no quererme». Hay un llamado dramático, que posiblemente sea el llamado de millones de esposas sometidas a la cárcel de la casa, solo con obligaciones destructivas encima de ellas. O lo que es peor, la conversión de la hermosura del amor en simple satisfacción sensual. Es quizá la revelación más terrible de todo el libro.

En la segunda parte del poemario, el texto "cerca" enuncia una cercanía más bien irónica entre el yo poético y el "otro", que descubre una dolorosa verdad sin retorno, que a su vez esconde la farsa de la vida. «ay cómo te quiero / ay cómo me dueles / ay cómo te encuentro así de pronto / tan cerca / tan cerca / el olor de tu pelo / y hay entre nosotros / millas de distancia».

En "viernes soleado" dice: «la vida es pesadilla de la que no despertamos / nunca». No hay peor ni más certera calificación de la vida desperdiciada.

"desgana" martillea una vez más sobre la misma tragedia humana, que por ser una tragedia colectiva, quizá ha perdido grandeza e importancia, pero no para quienes la padecen. «presa en mis cuatro paredes / en los roles que juego / de madre / de esposa / de víctima /sin crimen // no tengo carcelero / pero me siento prisionera / de mí / de mi desgana / de este dejar pasar el tiempo / y aún así querer ganarle la batalla / inútilmente // yo / sin saber qué hacer de mí / en esta tarde de mi vida / en esta vida». Este poema habla a gritos del sacrificio inútil de la vida; quizá con la excusa inexcusable de los hijos y del qué dirán. Más aún para quienes tienen en carne viva la conciencia de él, que no pueden tomar las servidumbres en que se ha convertido la vida por el supuesto amor. No así para quienes han aprendido a tomar ese sacrificio por la vida.

El poema "mal negocio", cuyo título ya es indicativo de su contenido, con desesperante insistencia, repite la misma temática, pero con una posible solución. «a mitad del camino recorrido / empiezo a darme cuenta / que hice mal negocio / y sin tiempo que perder / anulo el contrato». El nivel de ambigüedad del texto es la riqueza del poema. Indudablemente la facilidad de la solución escrita no es igual como solución de la vida. Pero aquí está esa solución.

El poema "incompleta" lleva, me parece, la ironía a su extremo. Después de la "solución" ofrecida en el poema anterior para la vida convertida en servidumbre, en sacrificio y en crimen, el yo poético enuncia las maneras de ser mejor, aún con semejante carga cotidiana encima, como quien dice el poema quiere enseñar cómo ser mejor animal de carga.

"quererte bien" es un poema cuya dulzura, en el contexto de la amarga verdad que se podría decir define el libro, es menos dulzura que nunca.

"gravito sobre ti" es otro poema igual. Un remanso de paz, de amor. Ella está siempre alrededor de él; igual él alrededor de ella. Posiblemente podría ser tomado como la historia de amor que el yo poético anhela y no ha poseído. Otra posible solución a la del poema "mal negocio".

El texto "espacio de verdad", como su título lo enuncia, es sin duda un poema sobre las pequeñas grandes verdades de la vida de un hombre y una mujer; es decir, la sinceridad en el trabajo de vivir «sin poses / ni fachadas». «[…]ahí donde no pretendo salvarte / ni exiges que te salve». Pura desnudez del corazón del hombre y la mujer.

"recordatorio". «para que nunca olvide / que mi única tarea es no olvidar / que la vida es un regalo / que hay magia en donde quiera / si me tomo el tiempo de mirar // andan por ahí / el ruiseñor y los delfines / las montañas y el roble / las cerezas y tus labios // no puedo ignorar / la luz del sol que juega con el agua / los peces que nadan al unísono / esa lágrima gorda que recorre tu mejilla / y siento que me ahoga». En este poema están el mundo y la persona amada. El tono acaso imprecatorio ha cedido lugar al remanso del lenguaje y del corazón. La ternura, la conmoción ante una lágrima vertida, insignificante y a la vez catastrófica, solo para quien ama de verdad.

En suma, *las voces que me habitan* es un libro, como pocos, intenso y conmovedor. Las referencias a Emily Dickinson y a otros poetas no son sino coincidencias poéticas sin ápice alguno de imitación. Sístoles y diástoles del corazón de la poesía universal. Maren Sofía Bravo, que es una mujer bella, escribe bella poesía; bella pero sin convencionalismos y hasta con poder de cierto escalofrío, como entendía T. Adorno la belleza.

Una poesía que nos enrostra las injusticias de las que somos cómplices y encubridores. Pura verdad humana y, por humana, trascendental.

Carlos Carrión, escritor, autor de *La utopía de Madrid* y múltiples novelas, cuentos y ensayos.

preface

Intense and moving poetry

Although it is Maren Sofía Bravo's first published book, *the voices that inhabit me / las voces que me habitan* is not her first. Apparently, she has put aside a book, her first poetic effort, which perhaps did not fulfill her own poetic expectations. With the patience that R. M. Rilke loved so much, and work Maren Sofía Bravo offers us a mature book. Poetic work and patience; which are nothing more than the certainty in the future of the seeds sown, both in the earth and in the heart. Perhaps without knowing Rilke at all, Maren Sofía Bravo has taken his truths for her own: «poetry is life, and only after living it can one write two or three poems that are worthwhile». *the voices that inhabit me* is, then, as in no other poet, *life lived*.

In the first part of the book, in the poem "destiny and the flower", a beggar and a beautiful woman meet. The beggar picks flowers, perhaps in the city parks. As she passes by, he offers her one of them in exchange for a coin. She has no money; nevertheless, she receives the flower. Perhaps, «as a well-deserved tribute to her beauty». The poem reminded me of another one about the Cid Campeador and a beggar. The Cid has no money either; therefore, he offers him only a handshake, which the beggar silently receives and appreciates. Under the moonlight, the beggar wonders about the fate of the woman. It is no exaggeration to think that the flower that accompanies her has further embellished her life, perhaps her destiny as a woman.

The poem "here and now" says: «life hurts / looking for a friend we go / hungry for love we go / in this time and place / of open stares to precipices of the soul // in this dark hour / of fear of our brother / of insatiable ambition / where we've traded having for being / and end up being nothing / hungry for love we go / begging for tenderness we go / we go mad of all madness / mad of loneliness». The poem has led me to remember some lines by Emily Dickinson who says «Tis not that Dying hurts us so —'Tis Living — hurts us more —.» The lyrical "I" enunciates a "hunger for love"; however, the possibility of satiating that hunger finds a fear, precisely in the "other"; that is, in the possible giver of love. The level of ambiguity of the poem diversifies the meanings. What begins as a love poem is no longer a love poem, or it is not to the extent that the first statements allowed us to glimpse. The last lines enunciate an ontological value: loneliness as man's destiny.

The poem "unwelcomed" refers to a very current reality: migration. The poem seems to state that we are all migrants; therefore, we are all undocumented, nationless. A stigma that weighs on every human being, even in his/her own homeland and even in his/her own home.

"inclement life" judges human destiny; rather, the failures that accompany every life; even the lives that succeed. The verse "dreams with broken wings" sentences it thus.

The poem "longing", whose first line reads «wanting to find you» speaks of love "«that bursts in waves / in twinkling stars / in chirping of birds / just to see you smile». It undoubtedly contains the hyperboles that define love. Bécquer's rhyme XXIII says «For a look, a world / for a smile, a sky / for a kiss, I don't know what I would give you for a kiss». However, «just to see you» can have more than one meaning, by virtue of its secret poetic ambiguity.

The text "she", about the cry of a girl, who could well be a little daughter, is another example of the hyperbolic planet of love, in this case, maternal love. According to this text, all the grandeur and beauty of the nature of the world is destroyed when a girl cries; at least speaking of the world of the poem.

The poem "nourishment of the earth" could be the dream of a mother who longs to surround her son's life with open doors and triumphs so that his life is not a simple life, but the exercise of joy, magic, and glory. It is elaborated with the legitimate desires of the human heart.

The text "i write" conceives writing as a fantasy, a liberation, a celebration of the whole body, mind, and soul. A joyful work, as it should be, which secretly connects with a Dickinsonian sentiment: «one travels better in the poem / than on the most spirited and swiftest steed».

"ode to life," perhaps like the odes of Pablo Neruda, is an exhortation to love life; all life, especially that of the "other," understood in a very broad sense: the life of the son, the life of the brother, the life of the animals, the life of the trees, the life of the sea. «immerse yourself in it / honor it / prolong it / give it your life". There is no argument for that exhortation, as in the case of beauty, whose brightness justifies everything; even the giving of life.

In "it is urgent", as the previous poem exhorted to live, this one exhorts to love. «love the children / the revolutionaries / the students / the cops». Then she asks not to ignore the mother's cry, the soldier's pain, the beggar's loneliness. Thirdly, the poetic I asks for universal peace, perhaps the peace of love.

In "under a new light", the poetic I prints a variation to the contents of the previous poem. Now she wants to «rebuild the world». «why not change everything / beliefs / ideologies / gods / metaphors». Like cleaning a house full of junk, a house that is human life, in order to, with a clean heart, be «more human».

In the poem "restart" she persists in the previous idea; now with more strength, perhaps: «let's start from scratch / let's do it over / as if everything we have lived until now / were left out of our memory / as if all the pain could lose its sting». This last verse is of simple and human beauty.

The poem "remorse" is also the title of a desolate poem by Borges. I highlight it for its striking poetic statements. «if miracles existed / your eyes would cease to recognize in me / his mercenary». The final stanza is of similar forcefulness: «you would be yourself again / without a trace of me and my miseries / if miracles existed» For me, Maren Sofía Bravo is especially gifted at enunciating the deterioration of everyday life between man and woman. Not without a self-inculpation of the poetic self, perhaps on the grounds that hers are more intense deteriorations and more intense awareness of them. The illusions of the poetic "I" are devastated by the daily erosion that perhaps also devastate the illusions of the "other". There is bitterness, but also courage. And above all, overwhelming beauty.

In "neither forgiven nor forgotten" the poetic self persists in the same theme and the self-blame as part of the couple's daily unhappiness. It is very easy to attribute one's misfortune to the other. The honesty of the previous poem goes up another notch here. «there is no truce / there is no amendment / the battle is fierce / is eternal // the screams / the silences / the wounds». They are stories covered in silence, but here that silence has been broken, I think for the good of life and poetry.

"suicide" brief and intense poem that revolves around the impossibility of stopping the hand of the man who wants to end his life.

"wholeness " is a very good poem with an undercurrent of human tragedy, not without glimpses of grandeur. «to know yourself whole / even when you feel like / you could pick up your pieces / from the ground».

In the text "routine", the reiterative theme of the deterioration of the couple's relationship is not only a thematic reiteration but that of human anguish. «oh how they do become annoying / everyday life / the order/ the mess / the voices that repeated over and over / turn into silences / meaningless litanies // i disengage/ from you/ from me / from this world and its misfortunes / from the bed waiting to be made / the dirty dishes still on the table / your thirst of having me / but not loving me anymore». There is a dramatic call, possibly the call of millions of wives subjected to the prison of the house, with only destructive obligations on top of them. Or worse, the conversion of the beauty of love into mere sensual satisfaction. It is perhaps the most terrible revelation of the whole book.

In the second part of the collection of poems, the text "near" enunciates a rather ironic closeness between the poetic self and the "other," which uncovers a painful truth with no return, which in turn hides the farce of life. «oh how i love you / oh how much you hurt / oh how i find you -all of a sudden / so close / so close / the smell of your hair / and there is between us / miles of distance».

In "sunny friday" she says «life is a nightmare from which we never wake». There is no worse or more accurate qualification of a wasted life.

"disdain" hammers once again on the same human tragedy, which for being a collective tragedy, perhaps has lost grandeur and importance; but not for those who suffer it. «prisoner in my four walls / in the roles i play / of mother / wife / victim / of no crime /// i have no warden / but i feel like a prisoner/ of myself / of my disdain / of this letting time pass me by / and still wanting to win the battle / pointlessly // me / not knowing what to do with myself / in this afternoon of my life / in this life». This poem speaks loudly of the useless sacrifice of life; perhaps with the inexcusable excuse of children and what people will say. Even more so for those who have in living flesh the conscience of it, who cannot take the servitudes that life has become for the supposed love. Not so for those who have learned to take that sacrifice for life.

The poem "bad deal", whose title is already indicative of its content, with desperate insistence, repeats the same theme; but with a possible solution. «halfway down the road / i begin to realize / that i made a bad deal / and with no time to lose / i cancel the contract». The level of ambiguity of the text is the richness of the poem. Undoubtedly the ease of the written solution is not the same as the solution of life. But here is that solution.

The poem "incomplete" takes irony to its extreme. After the "solution" offered in the previous poem for life turned into servitude, sacrifice, and crime, the poetic I enunciates ways to be better, even with such a daily burden on top of it, as if the poem wanted to teach how to be a better pack animal.

"love you well" is a poem whose sweetness, in the context of the bitter truth that arguably defines the book, is less sweetness than ever.

"i gravitate to you" is another such poem. A haven of peace, of love. She is always around him; so is he around her. It could possibly be taken as the love story the poetic self longs for and has not possessed. Another possible solution to that of the poem "bad deal".

The text "space of truth", as its title enunciates, is undoubtedly a poem about the small great truths of the life of a man and a woman; that is, the sincerity in the work of living «without poses or facades». «there where I don't intend to save you / nor do you demand to be saved». Pure nakedness of the heart of man and woman.

"reminder" «so I never forget / that my only task is to remember / life is a gift / that there is magic everywhere / if only i take the time to look // there exist / the nightingale and the dolphins / the mountains and the oak tree / cherries and your lips // i can't ignore / the sunlight playfully touching the water / the fish that swim in unison / that fat tear running down your cheek / and makes me feel i'm drowning». In this poem are the world and the loved one. The perhaps imprecatory tone has given way to the calm of the language and the heart. The tenderness, the shock before a shed tear, insignificant and at the same time catastrophic, only for those who truly love.

In short, *the voices that inhabit me* is a book, like few others, intense and moving. The references to Emily Dickinson and other poets are nothing but poetic coincidences without any hint of imitation. Systoles and diastoles from the heart of universal poetry. Maren Sofía Bravo, who is a beautiful woman, writes beautiful poetry; beautiful but without conventionalisms and even with the power of a certain shudder, as T. Adorno understood beauty.

Poetry that shows us the injustices of which we are accomplices and concealers. Pure human truth and, because it is human, transcendental.

Carlos Carrión, writer, author of *La Utopía de Madrid / Madrid's Utopia* and multiple novels, stories and essays.

el destino y la flor

es viejo

es pobre

no puede caminar

    su mirada serena

    revela su alma buena

recorre la ciudad en su silla de ruedas

en sus piernas lleva

flores que recoge

en parques y veredas

es joven

es alta

es bella

    camina de prisa

    y con certeza

— ¿me bendice con una moneda?

    pregunta él, con voz tranquila

— a cambio le doy una flor…

— no tengo dinero…

    responde ella, apurando el paso

recibe la flor como merecido tributo a su
hermosura

y bajo la luz de la luna él se pregunta:
    ¿qué azar

    qué ruleta rusa

    qué decisión

    qué dios

    marcó su destino?

destiny and the flower

he is old
he is poor
he cannot walk
    his serene gaze
    reveals his good nature
he roams the city in his wheelchair
on his lap he carries
flowers he collects
in parks and walkways

she is young
she is tall
she is beautiful
    she walks hurriedly and with confidence

— would you bless me with a coin?
    he asks, voice calm
— i'll give you a flower in return
— i have no money…
    she replies, rushing pass

receiving the flower as a well-deserved tribute
        to her beauty

and under the moonlight he wonders:
        what fickleness
        what russian roulette
        what decision
        what god
        marked his destiny?

aprendiendo a ser

aprendiendo a ser en el mundo
en el centro mismo del bien y del mal
    con más dudas que certezas
    con temores y tristezas
        esfuerzo vano
        empeño sobrehumano
        de amar al hombre
        tantas veces imperfecto
            absurdo
            malsano
        esfuerzo de amar a dios
            omnipresente
            perfecto
            sabio
y a fuerza de amar
con amor del más bueno
termino descubriendo en dios a mi hermano
        y en mi hermano a dios

learning to be

learning to be in the world
in the very center of good and evil
      with more doubts than certainties
      with fears and sorrows
            futile effort
            superhuman commitment
            to love man
            imperfect most of the time
                      absurd
                      malicious
            striving to love god
                      omnipresent
                      perfect
                      wise
and by the power of loving
with the best kind of love
i end up discovering in god my brother
          and in my brother god

aquí y ahora

en este tiempo y lugar
en esta isla que aísla
              blancos, negros
              ricos, pobres
      duele la vida
vamos buscando un amigo
vamos hambrientos de amor

en este tiempo y lugar
    de miradas abiertas
    a precipicios del alma

en esta hora oscura
    de temor al hermano
    de ambición desmedida
    de tener para ser
    y al final no ser nada
vamos hambrientos de amor
vamos clamando ternura
vamos locos de toda locura
              locos de soledad

here and now

in this time and place
on this isolating island
       whites, blacks
      rich, poor
     life hurts
looking for a friend we go
hungry for love we go

in this time and place
   of open stares
   to precipices of the soul

in this dark hour
   of fear of our brother
   of insatiable ambition
   where we've traded having for being
   and end up being nothing
hungry for love we go
begging for tenderness we go
we go mad of all madness
        mad from loneliness

malvenidos

se levanta la ciudad
la ciudad crepitante
                de furias y de miedos
                de gentes como ratas
                esquivando la muerte
                        aturdidas, asustadas

cobardes
        jugando a caballeros
miserables
        vociferando su riqueza
mendigos
        con ojos de ángel
        y manos extendidas
                suplicando la vida

        rostros de rostros
        de nada ni nadie

cuerpos sentenciados a ser siempre
    indocumentados

    extranjeros

    no deseados

        malvenidos

        atrapados en su sueño

        exiliados de la vida

unwelcomed

the city awakens
the city crackles
    with furies and fears
    with people like rats
    dodging death
        stunned, scared

cowardly men
    pretending to be gentlemen
miserable men
    boasting their wealth
beggars
    with angel's eyes
    and extended hands
        pleading for life

    faces of faces
    of nothing or nobody

bodies sentenced to always be undocumented
foreigners
unwanted
unwelcomed
trapped in their dream
exiled from life

vida inclemente

irreverentes

     inafectados

adormecidos ante el dolor

     propio y ajeno

en éxtasis de existir

perdidos en la minucia

del día a día

          del noticiero a la copa de vino

          del cheque que no alcanza

          a las arrugas en la frente

sueños de alas rotas

     muy afectados

        vida inclemente

inclement life

irreverent

unaffected

numb to the pain

    our own and others'

in ecstasy of existing

    lost in the day to day minutiae

    from the daily news to the wine glass

    the check that isn't enough

    to the wrinkles on the forehead

dreams with broken wings

    greatly affected

        inclement life

añorando

con ganas de encontrarte

con el corazón henchido de gozo

    con la canción más dulce y un beso
eterno

        que nos funda el alma

        para siempre

con ganas de explorar

tu misterio indescifrable y

    eventualmente

        descifrarte sabiamente

    ser erudita en tu materia

con este amor

    que es demasiado grande para quedarse
en mi corazón

        y viaja

convertido en rayo de sol

      en titilar de estrellas,

      en reventar de olas

      y trinar de pájaros

sólo para verte sonreír

longing

wanting to find you
with a joy-filled heart
    with the sweetest song and an eternal kiss
        that would fuse our souls
      forever

wanting to explore
your indecipherable mystery and
    eventually
      decipher you wisely
    become a scholar in your subject

with this love
    too big to stay in my heart
    and travels
becoming a ray of sunshine
    twinkling of stars,
    bursting waves
    and chirping of birds
just to see you smile

ella

tiene la fuerza del sol
en el ecuador a mediodía
la primavera aprendió a renacer
en su piel cada mañana
y el arcoíris supo qué era el color
en su mirada

su forma es la del árbol victorioso
no hay tempestad tan fuerte
que pueda derribarla

es luna que atrae todas las estrellas
y azules caballitos de mar
juegan en sus pestañas

cuando sonríe
        mil mariposas
vienen a festejar la vida
entre sus labios

por ella
revienta con ímpetu
el agua en las cascadas
y una y otra vez
lame el mar
su fábula dorada

cuando llora
las pompas de jabón
pierden su magia
el frío entra con fuerza
y la noche encuentra su morada

pero cuando ríe
¡ay! ¡cuando ríe!
la eternidad entera
vive en su sonrisa

she

has the strength of the sun
in the equator at midday
spring learned to be reborn
on her skin every morning
and the rainbow knew about color
in her gaze

her shape is that of a victorious tree
there is no storm strong enough
to bring her down

she is the moon that attracts all the stars
and blue seahorses
play on her eyelashes

when she smiles
        a thousand butterflies
come to celebrate life
between her lips

for her

water bursts with momentum

in the waterfalls

and again and again

licks the sea

her golden fable

when she cries

bubbles

lose their magic

cold enters with force

and the night finds its home

but when she laughs

oh! when she laughs!

all eternity

lives in her smile

alimento de la tierra

y que encuentres en la soledad

        un regalo

una puerta abierta al templo interior

        el camino de regreso a ti

a la fuerza constante

        irrefrenable

        ineludible

        que te empuja y exhorta

    a abrir tus ojos al milagro de la luz

        el viento

        el agua

            tu existencia

y que encuentres en el silencio

        el cordón umbilical hacia tu madre tierra

        que su alimento sea fuerza

                valor

                sabiduría

    que te sientas completo

                sagrado

                seguro

más cerca del milagro

que de la tragedia

que coseches memorias

de experiencias épicas

    y sucumbas atónito

        a la magia

            de tu gloriosa existencia

nourishment of the earth

may you find in solitude
      a gift
an open door to the inner temple
      the way back to you
      to the constant force
         uncontrollable
         inescapable
the force that pushes you and exhorts you
      to open your eyes
        to the miracle of light
          wind
            water
              your existence

may you find in silence
the umbilical cord to our mother earth
may her nourishment give you
            strength
            courage
            wisdom

may you feel complete

        sacred

        safe

closer to the miracle

    than the tragedy

may you reap memories

of epic experiences

and succumb astonished

    to the magic of your glorious existence

escribo

con mi voz al viento

      escribo

en el aire cuando hablo

      escribo

abro la ventana al sol

con mi sonrisa

melodías nuevas

nacen con mi canto

libero esa yegua salvaje

que cabalgo en mis sueños

cuando escribo

y llorando

cantando

riendo

callando

        escribo

con mi voz

mi boca

mis ojos

mis sueños

mi cuerpo

        escribo

i write

with my voice to the wind

        i write

in the air when i speak

        i write

i open the window to the sun

with my smile

new melodies

are born with my song

i release that wild mare

which i ride in my dreams

when i write

and crying

singing

laughing

keeping quiet

        i write

with my voice

my mouth

my eyes

my dreams

my body

        i write

oda a la vida

ama la vida
        la tuya
        la de tu hijo
            que la llena de significado
        la de tu hermano
            que la hace compleja
                            alegre
                                profunda
        la del gato o el perro
            que esperan con ansias
            tu regreso a casa

ama la vida
        la tuya
        la de los árboles
            que te brindan el bosque
        la de los océanos
    que te acarician con su azul profundo

ama la vida

 la tuya

 la de tu padre

  esperando verte

  arriba de la ola

 la de tu madre

  implorando al cielo benevolencia

    piedad

    amor

    justicia

ama la vida

sumérgete en ella

 hónrala

 prolóngala

  regálale tu vida

ode to life

love life

yours

your son's

that fills your life with meaning

your brother's

that makes yours complex

      joyful

      deep

the life of your cat or your dog

awaiting cheerfully

your return home

love life

your life

   and the life of the trees

   that give you the forest

the life of the oceans

that toss you with their deep blue

love life
yours
your father's
        waiting to see you
        on top of the wave
your mother's
        imploring heaven's benevolence
                        mercy
                        love
                        justice

love life
immerse yourself in it
    honor it
    extend it
    give your life
            to life

urge despertar

amar a los niños
   a los locos
   a los estudiantes
   a los policías
urge despertar
  prestar atención
   al llanto de la madre
   al dolor del soldado
   a la soledad del mendigo
   al grito de guerra
    que exige la paz
paz en el mundo
  paz en la tierra
   paz en la casa
    paz en la escuela
urge despertar
han pasado cientos y cientos
    y cientos y cientos de años
      en guerra
hoy impera vivir en paz

paz entre el hombre y la naturaleza
    paz entre parejas
            pueblos,
            países
            y parientes
            religiones
            partidos políticos,
            ideas y creencias
paz entre la madre
            la hija
            la abuela
paz en la cama,
paz en la mesa
paz en la avenida,
    en el semáforo y en la acera
paz en el senado
    paz en la frontera
paz en la tumba
    pero sobre todo
paz
    antes de llegar a ella

it is urgent

to awaken
to love the children
    the revolutionaries
    the students
    the cops
it is urgent to wake up
    pay attention
    to the mother's cry
    to the soldier's pain
    to the loneliness of the beggar
    the cry of war
    that begs peace

peace in the world
    peace in the prisons
        peace in the house
            peace in school

it is urgent to awaken
    hundreds and hundreds
        and hundreds and hundreds

of years have passed

                at war

today we must live in peace

peace between man and nature

peace between couples

        towns, countries, and relatives

        religions, political parties,

        ideas and beliefs

peace between the mother

            the daughter

            the grandmother

peace in bed,

peace on the table

    peace on the avenue

    at the traffic light, and on the sidewalk

peace in the senate

    peace at the border

peace in the grave

    but above all

peace

    before we reach it

bajo una luz nueva

con ideas fijas
           sueños
           y quimeras
obsesión constante
de ofrecerle al mundo
           una oportunidad
           nueva
me invade la memoria
           de un universo
           bueno
           una tierra serena

siento y sé que algo anda mal
           que en algún lado
           alguien hace trampa

siento y sé
           que hice y hago
           y seguiré haciendo
           poco o nada
           para salvar al mundo

pero me oprime el pecho

        este terco deseo

        de reconstruir al mundo

        bajo una luz nueva

                pura

                íntegra

                serena

por qué no cambiarlo todo

                credos

                ideologías

                dioses

                y metáforas

si lo único permanente es el cambio

por qué no cambiar

                percepciones

                perspectivas

                escalas de valores

                jerarquías

y así aprender a ser

                abiertos

                piadosos

                compasivos

                    humanos

under a new light

with fixed ideas
       dreams
       and utopias
constant obsession
to offer the world
       a new opportunity
the memory
    of a good universe
    a serene land
       invades me
i feel and i know
something is wrong
    somewhere
    someone is cheating

i feel and i know
    i did, do
    and will continue doing
    little or nothing
       to save the world

but my chest is oppressed
    by this stubborn desire
    to rebuild the world
    under a new light
        pure
        integral
        serene

why not change everything
        creeds
        gods
        and metaphors
if the only permanent thing is change

why not change
        perceptions
        perspectives
        scales of value
            hierarchies

and thus learn to be

    open-minded

    merciful

    compassionate

        human

recomenzar

vamos a empezar de cero
    a comenzar de nuevo
como si todo cuanto hemos vivido hasta hoy
    quedara fuera de la memoria
como si todo dolor perdiera su huella

    vamos a abrir puertas y ventanas
    dejar entrar la luz
        el sol
        sus mariposas
    sacudamos almohadas
        mantas y fracasos
    espantemos la ira contenida
        el rencor
        la oscuridad y sus
fantasmas
    invitemos al perdón
        su gracia
        su ternura
        su magia sanadora

restart

let's start from scratch
    let's do it over
as if everything we have lived until now
    could stay out of our memory
as if all the pain could lose its sting

let's open doors and windows
    let the light in
        the sun
        its butterflies
let's shake pillows
        blankets and failures
let's frighten away our contained anger
        our resentment
        the darkness and its ghosts
let's invite forgiveness
        its grace
        its tenderness
        its healing magic

remordimiento

si los milagros existieran
tus ojos dejarían de reconocer en mí
su mercenario
borrarías de tu memoria
todo dolor
toda amargura
volverías a ser sonrisa
tu cuerpo sanaría
cada cicatriz
cada herida
volverías a ser tú
sin rastro de mí y mis miserias
si los milagros existieran

remorse

if miracles existed

your eyes would cease to recognize in me

                        his mercenary

    you would erase from your memory

        all pain

        all bitterness

you would begin to smile again

    your body would heal

        every scar

        every wound

you would be yourself again

    without a trace of me and my miseries

if miracles existed

ni perdón ni olvido

porque

      quiero y no puedo

me propongo

me esmero

      mas termino siendo siempre

            hostil rencor

            vociferando vituperios

derramando desdén

            maldad

            nunca perdón

            nunca olvido

no hay tregua

no hay enmienda

      la batalla es campal

            es eterna

      los gritos

            los silencios

                  las heridas

neither forgiven nor forgotten

because
      i want to but can not
i set the intention
i dedicate myself
      but end up always being
            hostile rancor
            shouting insults
spilling disdain
            cruelty
            never forgiving
            never forgetting

there is no truce
there is no amendment
      the battle is fierce
            is eternal

the screams
      the silences
            the wounds

suicida

hoy lloré
lloré
    sin lágrimas
lloré
     de nostalgia
lloré
    de impotencia

    tu mano extendida
    mi esfuerzo herculiano
    que no cambia en lo más mínimo
                tu deseo de morir

suicidal

today, i cried
i cried
    without tears
i cried
    of nostalgia
i cried
    of helplessness

your hand reaching out
my herculean effort
that doesn't change
        your desire to die

plenitud

saberte completo
aún cuando sientas que
 podrías recoger del suelo
                    tus pedazos
prestarle tu piel a los rayos del sol
y permitirles dejar su marca en ella

rendirte con gracia
        al paso del tiempo
                    constante
                    persistente
canas, años, arrugas
        acumulándose inefables

wholeness

to know yourself whole
even when you feel like
you could pick up your pieces
                from the ground
lend your skin to the sun's rays
and allow them to leave their mark

surrender with grace
        to time passing
                constant
                persistent
gray hair, years, wrinkles
                accumulating inevitably

rutina

cómo se hacen molestos
                la cotidianidad
                el día a día
el orden
el desorden
                las voces que de tanto
        escucharse
                se convierten en silencios
                        cantaletas sin sentido

me desentiendo
                de ti
                de mí
                de este mundo y sus desgracias
de la cama destendida
los platos sucios aún sobre la mesa
                de tu sed de tenerme
                pero ya no quererme

me refugio en una flor

       en sus colores

       en un libro

       en poesías mudas

          que me niego a escribir

          por incriminantes y
reveladoras

       con la esperanza de volver

       a un tiempo y lugar que ya no
existen

y me quedo

       desgarrada

       desvalida

       desamada

          navegante a la deriva

routine

oh how they do become annoying
     everyday life
     the day to day
the order
the mess
     the voices that repeated over and over
     turn into silences
        meaningless babble

i disengage
     from you
     from me
     from this world and its misfortunes
from the bed waiting to be made
the dirty dishes still on the table
     your thirst of having me
     but not loving me anymore

i find refuge in a flower

     in its colors

     in a book

     in silent poems

        i refuse to write

        because they are incriminating
and   revealing

     in hopes of returning

     to a time and a place that no longer
exist

and i stay

     torn

     helpless

     unloved

        adrift

busca la luz

busca la luz
obsesiónate con ella
busca la luz
    de una mirada
        que te construye
    de una sonrisa
        que te invita a ser
busca la luz
        como alimento, medicina
        como a tu mismo aliento
busca la luz
        como quien busca un tesoro
        aférrate a ella
            eres tú quien elige
            la claridad o las tinieblas
y sin tiempo que perder
en este instante eterno que es la vida
                elige la luz
                que te libera

search for the light

search for the light
be obsessed with it
search for the light
    found in a glance
        that builds you
    in a smile
        that invites you to just be
search for the light
    as you would for food or medicine
    as you'd search for your breath
search for the light
    like you're looking for a treasure
    hold on to it
        it is you who chooses
        clarity or darkness
and with no time to waste
in this eternal moment that is life
        choose the light
        that sets you free

en mí confluye el mundo

porque en mí confluye el mundo
  como agua en la cascada
 en mí
   el mal
   la fiesta y sus colores

en mí confluye el mundo
  como en el bosque:
   los pajaritos cantores
   los vientos
    las ganas
     los amores

en mí confluye el mundo
  como en el jardín:
   las mariposas
     néctar
     dolor
     besos
      puñalada

es esta vida tan sagrada

    tan difícil de entender

    tan constante

    tan frágil

    tan pesada

the world converges in me

because the world converges in me
    like water in the waterfall
in me
    the evil
    the party and its colors
the world converges in me
    like in the forest:
        singing birds
        wind
            desires
              love stories

the world converges in me
    like in the garden:
        the butterflies
        nectar
        pain
        kisses
          a stab

it is this life so sacred

    so difficult to understand

    so constant

    so fragile

    so heavy

hay días

hay días que parecen noches
hay risas que terminan en llanto
    batallas que luchamos
    solo para darnos cuenta
    que eran, desde un principio,
        causa perdida
nos lanzamos al ruedo
jugamos el juego
    aferrados, con uñas y dientes,
    a la historia que construimos
        en nuestra mente
elegimos una y otra vez
        la pesadilla
incapaces de despertar
desde el principio de los tiempos
      carentes de voluntad
      adormecidos
      ciegos
        perpetuando injusticia
        justificando avaricia

capitalismo

socialismo

consumismo

canibalismo

racismo

quemeimportismo

    nada ni nadie nos salva

    o nos absuelve

        ni dios ni ley

        ni amor

        ni misericordia

there are days

there are days that feel like nights
laughs that end in tears
    battles we fight
only to realize
they were, from the beginning,
    a lost cause
we throw ourselves into the ring
    we play the game
    clinging, tooth and nail,
    to the story we build
        in our mind
we choose again and again
        the nightmare
unable to wake up
since the beginning of time
    lacking will
    numb
    blind
        perpetuating injustice
        justifying greed

capitalism

socialism

consumerism

cannibalism

racism

whateverism

    nothing or nobody can save us

    or acquit us

        no god no law

        nor love

        nor mercy

mi libro y yo

evado
hago todo
menos lo que debo

    limpio
    leo
    ordeno
        pero no escribo

tengo un libro adentro
quizá unos cuantos
pero me da miedo
        pereza
        desasosiego
            escribirlos

pero se me derraman
por las esquinas
me dan vueltas en la cabeza
        constantemente

tengo un libro adentro

es un libro tierno

es un libro bueno

es un libro sabio

es un libro mago

    entra en ti

        sin que te des cuenta

    y así

        sin más

    te posee

    te acompaña

    no te suelta

        te conmueve

        te sacude

    sucumbes así

        sin más

    a que te habite

        para siempre

my book and i

i evade
i do everything
but what i must

    i clean
    i read
    i organize
       but don't write

i have a book inside me
maybe a few
but it scares me
       overwhelms me
       makes me uneasy
        to write them

but they spill over
around the corners
they spin in my head
        constantly

i have a book inside me

it's a tender book

it's a good book

it is a wise book

wizard book

it makes its way into you

    when you don't notice

and just like that

    without much more

it owns you

accompanies you

does not release you

    it moves you

    shakes you

you succumb

    without much more

to its power to inhabit you

poeta

todo aquel que vive
hace poesía

    a veces
poesía rebelde
    como la del niño enfermo
    jugando a las escondidas
        con la muerte

poet

everyone who lives
makes poetry

    sometimes
rebellious poetry
    like the sick child
    playing hide and seek
        with death

reconociéndome

aprendiéndome

    identificando vicios y virtudes

        fortalezas y flaquezas

aceptándome en cuerpo

        mente

        alma y espíritu

entendiendo miedos

        sueños

        emociones

        ideales

aprendiendo a vivir

        sin disculparme

          por ser quien soy

          por ser como soy

deseo intenso de servir

        de hacer el bien

        de aferrarme a la esperanza

        de buscar incansablemente

            la paz

no mi paz, sino la paz en el mundo

la paz que reconoce en el otro a uno mismo

la paz que sabe amar al otro

más que a uno mismo

recognizing myself

learning about myself
    identifying vices and virtues
      strengths and weaknesses
accepting myself
    body mind
    soul spirit
understanding fears
    dreams
    emotions
    ideals
learning to live
    without apologizing
      for who i am
      for being the way i am
intense desire to serve
      to do good
      clinging to hope
      searching tirelessly
        for peace

not my peace but peace in the world

the peace that recognizes the self in the other

the peace that knows how to love the other

more than oneself

tiempo circular

de creencias a demencias
de buda a jesucristo
del paraíso al armagedón
de tumbo en tumbo

                    sin rumbo

en las entrañas mismas
de querer ser
            frente a espejos
            que no mienten
            y le niegan a mi alma

                    su ilusión

porque en mis adentros
el tiempo es circular
            mi tiempo es el destiempo
porque de una u otra manera
me encuentro siempre
            fuera de sitio
                    fuera de turno
                            fuera de mí

jaded

from beliefs to delusions
from buddha to jesus christ
from paradise to armageddon
from tumble to tumble
                    i stumble
                            lost

in the twisted abyss
of wanting to be
            in front of mirrors
            that don't lie
            and deny my soul
                        its hope

because time
circles inside me
        my time is jaded
because one way or another
I always find myself
        out of place
                out of turn
                        out of me

manojo de flores

quiero ser flor
        blanca y perfumada
        reflejar el brillo de la luna
        para murciélagos
        y otros ángeles caídos
                en la oscuridad de la noche

quiero ser violeta azul
        suave terciopelo
        nube de tierno aroma
        alquimia de lo sagrado y efímero

quiero ser lirio del valle
        belleza inefable
        conjuro mágico
        que torna posible
                lo imposible

quiero ser manojo de flores del campo
        fiesta de color
        sangre de la tierra
                aroma
                ternura
                vida

quiero inhalar el cielo
y exhalar cascadas
        de perdón
        de esperanza
        de bondad
                de amor

a bouquet of flowers

i want to be a flower
white and fragrant
      reflect the moonlight
      for bats
      and other fallen angels
         in the dark of the night

i want to be blue violet
      soft velvet
      cloud of tender aroma
      alchemy of the sacred
         and ephemeral

i want to be lily of the valley
      ineffable beauty
      magic spell
      that makes possible
         the impossible

i want to be a handful of flowers from the field
      a party of color
      blood of the earth
      fragrance
      tenderness
         life

i want to inhale the sky
and exhale waterfalls
      of forgiveness
         of hope
         of goodness
         of love

dar una mano

el hijo pequeño
su mano en mi mano
— quiero ayudarla, mamá
        declara al ver a la anciana empujando el
                carrito con sus compras

una ternura de nube
me recorre el cuerpo y me abriga el alma

— ¿puedo ayudarla?-
        le pregunta decidido
— no, no gracias
yo me las arreglo sola
        responde la anciana, mientras enjuga el
sudor   que le rueda por la frente

hay confusión en su mirada
es fácil darse cuenta del esfuerzo grande
que a ella le toma dar cada paso

— de verdad, quiero ayudarla
        insiste él

— gracias, pero me valgo sola
        le contesta ella, esquivando la mirada

su mano de nuevo en mi mano
quiero anclar este momento en mi memoria

— ¡gracias por ofrecer tu ayuda, hijo!

hay dignidad en la anciana
y en su deseo de valerse por sí misma

hay amor
hay bondad
hay poesía
en el deseo de él de ayudar
        de dar una mano
        de ser humano

to lend a hand

my little son

his hand in my hand

— i want to help her, mom

        he declares when he sees the old
woman   struggling to push
her cart of groceries

a cloud of tenderness

runs through my body and envelopes my soul

— can i help you?

he asks decisively

— no, no thanks

i manage alone

        answers the old lady, while wiping the
sweat   rolling down her forehead

confusion clouds his eyes

it is easy to realize the great effort

it requires from her to take every step

— i really want to help you

        he insists

— thank you, but i can do it alone
        she replies, avoiding his gaze

your hand back in my hand
i want to anchor this moment in my memory

— thanks for offering your help, son!

there is dignity in the old woman
and in her desire to fend for herself

there's love
there is goodness
there is poetry
in his desire to help
to lend a hand
        to be kind
        to be human

lodo

la montaña siempre tan alta
la cumbre siempre tan lejos
el cielo cayendo sobre nosotros
como un río de lodo

mudslide

the mountain ever so high
the summit ever so far
the sky falling on us
like a mudslide

cerca

de pronto me acordé de ti
          así de golpe
con un dolor que me oprimía el pecho
me acordé de ti
y de saber que sufres
y una lágrima
         gorda y caliente
resbaló lentamente por mi mejilla
sentí tu soledad
tu desasosiego
tu necesidad de saber y no entender
por qué
         por qué la vida
         por qué el dolor
         por qué la muerte
         por qué las dudas
         por qué el miedo
         por qué nada es suficiente
         por qué todo es tan difícil
            tan hermoso
            tan complejo

otra lágrima

ay cómo te quiero
ay cómo me dueles
ay cómo te encuentro
  — así de pronto
tan cerca
tan cerca
  el olor de tu pelo
y hay entre nosotros
  millas de distancia

near

all of a sudden i remembered you
                    just like that
with a pain that oppressed my chest
i remembered you
and I remembered knowing that you suffer
and a tear
            fat and hot
slid slowly down my cheek
i felt your loneliness
your restlessness
your need to know but unable to understand
why
            why life
            why pain
            why death
            why the doubts
            why fear
            why nothing is enough
            why is everything so difficult
                    so beautiful
                    so complex

another tear

oh how i love you
oh how much you hurt
oh how do i find you
        all of a sudden
so close
so close
        the smell of your hair
and there are between us
        miles of distance

viernes soleado

viernes soleado
de año bisiesto
tan lleno de flores
     música
     colores
tan viernes como cualquier otro
tan atolondrado como los cuervos
           cegados por el sol
con este cuerpo
        viejo de sentirse viejo
con esta culpa inútil
       y culpable
de no dejar de ser culpa
      miseria
      arrepentimiento
      pesadilla
la vida es un sueño y en mitad de la noche

pesadilla
la vida es pesadilla de la que no despertamos
              nunca

sunny friday

sunny friday
of a leap year
so full of flowers
> music
> colors
as friday as any other
as giddy as crows
> blinded by the sun
with this body
> old of feeling old
with this useless guilt
> guilty
of not ceasing to be guilt
> misery
> repentance
> nightmare
life is a dream and in the middle of the night

nightmare
life is a nightmare from which we never wake

desgana

el mundo muriendo
        de gente
y yo muriendo de ganas
        de hablar
          con esa gente

presa en mis cuatro paredes
en los roles que juego
        de madre
        de esposa
        de víctima
          sin crimen

no tengo carcelero
pero me siento prisionera
        de mí
        de mi desgana
de este dejar pasar el tiempo
        y aún así querer ganarle la batalla
          inútilmente

yo

sin saber qué hacer de mí

       en esta tarde de mi vida

             en esta vida

disdain

the world dies
		of people
and i die of desire
		to talk
				with those people

prisoner in my four walls
in the roles i play
		of mother
		wife
		victim
				of no crime

i don't have a warden
but i feel like a prisoner
		of myself
		of my disdain
of this letting time pass me by
		and nevertheless
		wanting to win the battle
				pointlessly

me
not knowing what to do with myself
in this afternoon of my life
in this life

mal negocio

tengo mi vida vendida

al ideal inalcanzable

de agradarle a todo el mundo

de ser bocado preferido

en toda boca

tengo mi vida vendida

a la necesidad de sentirme útil

      eficiente

      productiva

de servir a todos

      con bienes y persona

tengo mi vida vendida

a un juez totalmente parcial

a un crítico inmisericorde

      me reduce a retazos

      me deja hecha pedazos

tengo mi vida vendida

a la utopía

la perfección

la salvación

     y otros demonios

tengo mi vida vendida

a encontrarle el lado amable

a cualquier cobarde

con delirios de grandeza

tengo mi vida vendida

a la árida costumbre

de justificarlo todo

de dorar la píldora

a mitad del camino recorrido

empiezo a darme cuenta

de que hice mal negocio

y sin tiempo que perder

anulo el contrato

bad deal

i have sold my life
to the unattainable ideal
to please everyone
to be a favorite snack
in every mouth

i have sold my life
to the need to feel useful
      efficient
      productive
to serve everyone
      with goods and person

i have sold my life
to a totally biased judge
to a merciless critic
      who reduces me to pieces
      tears me to shreds

i have sold my life
      to utopia
      perfection

salvation

and other demons

i have sold my life
to finding the nice side
of any coward
with delusions of grandeur

i have sold my life
to the arid habit
of justifying everything
of gilding the pill

halfway there
i start to realize
i made a bad deal
and with no time to lose
i cancel the contract

incompleta

se me hace inalcanzable
el sueño de ser mejor
enfrentando la tarea
     ineludible
     abrumadora
         del diario vivir
la implacable urgencia
         de lo cotidiano

cómo ser mejor
si me ahogo cada día en el voraz
pantano de mis hábitos

cómo ser mejor
cómo romper el inclemente impulso
de reaccionar siempre de la misma manera
     muere la esperanza
     muere la ilusión

cómo ser mejor

cuando voraces emociones

      como monstruos

me devoran y me devuelven luego

      atónita

      perpleja

a mi yo familiar

      débil

      imperfecta

siempre obra en progreso

nunca lo suficientemente mejor

      nunca completa

incomplete

the dream of being better
it seems unattainable to me
      facing the inescapable
      overwhelming task of daily living
      the relentless urgency of routine

how to be better
if i drown every day in the voracious
swamp of my habits

how to be better
how to break the unforgiving impulse
to always react in the same way
      the dream writhes
      hope withers

how to be better
when voracious emotions
        devour me like monsters
and regurgitate me later
        stunned
        perplexed
to my familiar self
        weak
        imperfect
always a work in progress
never better
        never complete

niña hermosa

niña hermosa
me inclino ante tu poder
me inclino ante tu fortaleza
me inclino ante tu valentía y tu voluntad de ser
      quien y aquello que quieras ser

niña hermosa
   honro tu luz
   honro tu sabiduría
   honro tu corazón
ese corazón que late
en el centro de todo lo que es
ese corazón que late al unísono
con la sinfonía de la vida
ese corazón que la crea
     la respeta
     la protege

niña hermosa
me inclino ante tu corazón
     corazón de la vida misma

niña hermosa
me inclino ante
tu corazón
beautiful
girl I bow
to your
heart

beautiful girl

beautiful girl
i bow to your power
i bow to your might
i bow to your courage and your will to be
       who and what you want to be

beautiful girl
    i honor your light
    your wisdom
    your heart
the heart that beats
at the center of all that is
the heart that beats in unison
with the symphony of life
the heart that creates it
       respects it
       protects it

beautiful girl I bow to your heart
       heart of life itself

mi pequeño gran hombre

fue, es y será
canción de cuna
mi buena fortuna
    principio
        razón
           ilusión
fue, es y será
amor más allá de las palabras
indescriptible
    inexorable
        diáfano
          total
fue, es y será
mi tierna gota de lluvia
mi rayito de sol
caricia en el alma
    aliento
        abrigo
          protección

fue, es y será

mi pequeño gran hombre

gigante ante mis ojos

referente permanente

        amor profundo

               rotundo

                   sin igual

fue, es y será

puerto seguro

ancla

timón

      mar en calma

      caricia en el alma

         sonrisa

           esperanza

             ilusión

little big man

you were are and will be
my lullaby
my good fortune
      beginning
           reason
                hope
you were are and will be
love beyond words
indescribable
      inexorable
           diaphanous
                total
you were are and will be
my tender raindrop
my little ray of sunshine
caress of the soul
      breath
           warmth
                protection

you were are and will be
my little big man
giant before my eyes
permanent referent
      deep love
            resounding
                  without equal

you were are and will be
my safe harbor
anchor
rudder
      calm sea
      caress of the soul
            smile
              longing
                hope

quererte bien

sabor a miel

    saberte bien

sabor a miel

    amarte fiel

sabor a miel

    tocar tu piel

sabor a miel

    oír tu nombre

    acariciar tu pelo

    perderme en tus ojos

sabor a miel

    mirarte en lo que miro

sabor a miel

    el deseo sostenido

    de permanecer a tu lado

    a pesar del tiempo transcurrido

sabor a miel

    reconocerme en tu mirada

    sentir que somos uno

        en nuestros hijos

        en nuestros logros y derrotas

en nuestros silencios cómplices

en nuestros sueños

que ya no admiten ausencia

por siempre y para siempre

sabor a miel

love you well

sweet as honey
    to know you well
sweet as honey
    to love you faithfully
sweet as honey
    to touch your skin
sweet as honey
    to hear your name
    caress your hair
    lose myself in your eyes
sweet as honey
    to look at you in what I see
sweet as honey
    the sustained desire
    to stay by your side
    despite elapsed time
sweet as honey
    to recognize myself in your gaze
    to feel we have become one
        in our children
        in our achievements and defeats

in our complicit silences

in our dreams

that no longer admit absence

    forever and always

sweet as honey

gravito en torno a ti

gravito en torno a ti
        como los astros hacia el sol
        como las flores hacia su luz
gravito en torno a ti
        como la luna hacia la tierra
        como los ríos hacia el mar
cerca o lejos
        te siento
        te quiero
        imagino
        intuyo
        creo
eres presencia constante
        historia
        memoria
        triunfo del amor
        artista de la vida

i gravitate to you

i gravitate to you
      like the stars toward the sun
      like the flowers towards the light
i gravitate to you
      like the moon to the earth
      like the rivers to the sea
near or far
      i feel you
      i love you
      imagine you
      sense you
      create you
you are constant presence
      story
      memory
      triumph of love
      artist of life

espacio de verdad

déjame encontrarte allí

en ese espacio seguro que es el amor

ahí donde puedo ser quien soy

sin miedo a que me juzgues

déjame llegar ahí

a ese espacio generoso

en el que me recibes

sin agenda ni expectativa

ahí donde no pretendo salvarte

ni exiges que te salve

déjame llegar ahí

a ese espacio de verdad

en donde me miras

y me muestro

real

sin poses

ni fachadas

space of truth

let me meet you there
in that safe space that is love
there where i can be who i am
without fear that you'd judge me
let me get there
to that generous space
in which you receive me
with no agenda or expectation

there where i don't intend to save you
nor do you demand to be saved

let me get there
to that space of truth
there where you see me
and I show myself
real
no poses
no facades

desperdicio

tanto tanto se echa a perder

la leche materna para el niño que nació muerto

el banquete para una boda cancelada

la energía juguetona de un perro encadenado

tanto tanto se echa a perder

el poema nunca escrito

el amor que estropea en lugar de fortalecer

las luces encendidas en una habitación

a la que nunca volverás

los sueños que somos incapaces de recordar

los deseos que nunca cumplimos

la fruta madura cayendo de los árboles

      tragedia

      miseria

      infortunio

pensándolo bien

nada

nada se echa a perder

    todo es vida

    viviéndose a sí misma

so much goes to waste

so much goes to waste

the breast milk for a stillborn

the banquet for a canceled wedding

the playful energy of a chained dog

so much goes to waste

the poem never written

the love that spoils rather than strengthens

the lights on in a room

you'll never return to

the dreams we are unable to remember

the wishes we never fulfilled

the ripe fruit falling from the trees

      tragedy

      misery

      misfortune

on second thought
nothing
nothing is wasted
        all of it is life
        living itself

recordatorio

para que nunca olvide
que mi única tarea es no olvidar
    que la vida es un regalo
    que hay magia en donde quiera
        si me tomo el tiempo de mirar

    andan por ahí
        el ruiseñor y los delfines
        las montañas y el roble
        las cerezas y tus labios

    no puedo ignorar
    la luz del sol que juega con el agua
    los peces que nadan al unísono
    esa lágrima gorda que recorre tu mejilla
        y siento que me ahoga

mi tarea es estar aquí -ahora
presente, aunque un poco demente
    ser testigo de la vida
    de la magia y del fracaso
    del ir y venir de los días y los años

y las ganas y los sueños
y la luna acariciando tu cabello

mi tarea es despertar
respirar suspiros y condenas
sanar
romper cadenas
liberarme de juicios y perjuicios
dogmas, dramas y rencores

mi tarea es vivir
ensanchar el alma
tragarme el sol
y digerirlo en sonrisa

reminder

so i never forget
that my only task is to remember
        life is a gift
        that there is magic everywhere
                if only i take the time to look

there exist
the nightingale and the dolphins
        the mountains and the oak tree
        cherries and your lips

i can't ignore
the sunlight playfully touching the water
the fish that swim in unison
that fat tear running down your cheek
        and makes me feel I'm drowning

my task is to be here now
present, although a bit demented
        to be a witness to life
        to its magic and its failure

to the coming and going of the days and the
years
                and the wishes and the dreams
                and the moon caressing your hair

my task is to wake up
        to breathe sighs and condemnations
        to heal
        to break chains
        free myself from judgments and
prejudice
        dogmas, dramas, and grudges

my task is to live
        broaden the soul
        swallow the sun
                and digest it into a smile

palabras

las palabras se acomodan en mi mente

y se dejan caer

> de línea en línea

> de verso en verso

como una lluvia tenue

> organizada

> pertinente

otras veces

> sin embargo

se me vienen de golpe

> de prisa

> de repente

se acumulan como tormenta

> alborotada

> implacable

las palabras me poseen

> claman

>> me reclaman

> suplican

>> me detienen

> porfían

>> su existencia

palabras que se escriben solas
    y me urgen
    por favor
    las deje ver la luz del sol
palabras que quieren ser poesía
        acariciar el aire
convertirse en memoria compartida
        experiencia de vida
palabras tercas
constatación común
    de cimas y tropiezos
      conquistas
        derrotas
          arrepentimientos
desesperada esperanza
    de perdón y enmienda
camino recorrido
    lágrimas y risas
calor
    candor
      olvido
palabras que quieren ser
    testamento de haber vivido

words

the words settle in my mind
and they drop
        from line to line
        from verse to verse
    like a light rain
      organized
      relevant
other times
    however
they come to me suddenly
      in a hurry
      all at once
they accumulate like a storm
                rowdy
                relentless

words own me
      they cry out
      they claim me
      they beg
        they stop me
      they insist

                         on their existence
words that write themselves
                    urging me
                         please
                    let them see the sunlight
words that want to be poetry
                              caress the air
become shared memory
                         life experience
stubborn words
common corroboration
of peaks and stumbles
               conquests
                    defeats
                         regrets
desperate hope
          of forgiveness and amendment
traveled road
          tears and laughter
warmth
          candor
               oblivion
words that want to be
          a testament of having lived

lo mejor de mí

quiero darte lo mejor de mí

sin echártelo en cara

quiero amarte

irradiar gracia y ternura

pero sin sacrificio ni atadura

quiero quererte porque sí

        libre

        gratuitamente

quiero mostrarte mi más dulce secreto

y no por eso guardarte prisionero

quiero que vueles

        que volemos

que inventemos el arte de vivir

        leve

        valientemente

quiero que me mires y que seas

quiero mirarte y que seamos

        canción de boda

        trinar de pajaritos

        romper de olas

the best of me

i want to give you the best of me
without throwing it in your face
i want to love you
radiate grace and tenderness
but without sacrifice or ties
i want to love you just because
                freely
                gratuitously
i want to show you my sweetest secret
without taking you prisoner
i want you to fly –
                let's fly together
i want us to invent the art of living
                lightly
                bravely
i want you to look at me and just be
i want to look at you and for us to become
                wedding song
                birds chirping
                waves breaking

desátame las dudas

desbarátame a besos

inúndame con la certidumbre
                de tu cuerpo
                y de tu sexo

catapúltame a ese horizonte
                en el que me vives
                y te bebo
                        a trago grande

regálame las nubes

unleash my doubts

tear me apart with your kisses

flood me with the certitude
                of your body
                and your sex

catapult me to that horizon
                where you inhabit me
                and i drink of you
                                in big gulps

give me the clouds

milagro

con ganas de beber

ese milagro que guardas entre tus piernas

espuma efervescente

que me transporta hacia el mismo cielo

y en un viaje cósmico y fugaz

nos encontramos

así

sin más

al principio de la vida

me tienes y te guardo

en el milagro que se ha vuelto un niño

miracle

with the desire to drink
that miracle that you keep between your legs
effervescent foam that transports me
to heaven itself
and on a fleeting cosmic journey
we meet
just like that
at the beginning of life
you have me and i keep you
in the miracle that has become a child

poesía

profecía

    paisaje atemporal

poesía

    hogar de la memoria

    emoción

    sabiduría

poesía

    estás hecha de sueños

        de agua

        de cenizas

        de esperanza

        de canto

        de dolor

poesía

    eres naturaleza

        mudanzas

        desazón

        mar oscuro

        conjuro

            sanación

poesía
	ternura
	locura
	nube
		algodón de azúcar
		pompa de jabón
poesía
	eres niño perdido
	leche derramada
	soledad de ancianos
			culpa
			compasión
poesía
	alma mía
		coraje
		orgullo
			rebelación
poesía
	vida mía
		efímera
		intrascendente
			sin razón

poetry

prophecy

    timeless landscape

poetry

    home of memory

    emotion

    wisdom

poetry

    you are made of dreams

        of water

        of ashes

        of hope

        of song

        of pain

poetry

    your are nature

    transformations

    uneasiness

    dark sea

        incantation

          healing

poetry

        tenderness

        cloud

                cotton candy

                soap bubbles

poetry

        you are a lost child

        spilt milk

        old people's loneliness

                        guilt

                        compassion

poetry

        my soul

                courage

                pride

                        revelation

poetry

        my life

                ephemeral

                inconsequential

                        senseless

sobre la autora

maren sofía bravo es ecuatoriana, nacida en Loja. Reside en los Estados Unidos desde 2004. Ella escribe para limpiar el alma, para darle sentido al sinsentido, razón a su experiencia de vida. Para dejar hablar a las voces que la habitan.

Mujer, latina, madre, esposa, hija, inmigrante. Se siente profundamente conmovida por el drama humano, por la búsqueda sin respuestas, por el dolor, la injusticia, la voluntad de cerrar los ojos ante la destrucción de la madre tierra, de almas inocentes. Pero también, ella escribe para dejar entrar la luz, para darle alas a la esperanza, para aprender a ser, a sentir, a vivir, con la certeza de que la vida es una aventura efímera, mágica, maravillosa, extraordinariamente dolorosa, breve.

about the author

maren sofía bravo is from Loja, Ecuador and has been living in the United States since 2004. She writes to cleanse her soul, to make sense of the nonsense, to find a reason for her life experience. To let the voices that inhabit her speak. Woman, Latina, mother, wife, daughter, immigrant. She is deeply moved by the human drama, by the search without answers, by the pain, the injustice, the willingness to close our eyes and ears before the destruction of mother earth, of innocent souls. But, she also writes to let in the light, to give wings to hope, to learn to be, to feel, to live, with the certainty that life is an ephemeral adventure, magical, marvelous, extraordinarily painful, brief.

Poesía esencial, sustantiva, reflejo del mundo que la habita en su nueva realidad de migrante en Norteamérica.

Instalada en el centro del poder universal, Maren Sofía se duele de la miseria humana, también universal, que acompaña al sistema; pero se mantiene a salvo de la incertidumbre: no maldice ni blasfema.

Ella capta la realidad al trasluz de sus propias vivencias, que provienen de la transparencia del paisaje nativo: las colinas azules de la infancia, el aire diáfano, el aroma de las flores, los cambiantes matices de la luz en los picos andinos. Es el paraíso de donde aún le llega el eco de las voces que la habitan, ahora transformadas en armonioso canto lírico: un mensaje de solidaridad con el otro, de amor incondicional al prójimo. Los siglos pasarán. Como ocurrió en otros momentos de la historia occidental, la voz de los migrantes volverá a revelar la belleza del mundo y el valor de la dignidad humana.

Marco Antonio Tello, investigador, crítico literario, escritor.

Essential, substantive poetry, a reflection of the world she inhabits in her new reality as a migrant in North America.

Installed in the center of universal power, Maren Sofia grieves for the human misery, also universal, that accompanies the system; but she keeps herself safe from uncertainty: she does not curse or blaspheme.

She captures reality in the light of her own experiences, which come from the transparency of the native landscape: the blue hills of her childhood, the diaphanous air, the scent of flowers, the changing shades of light on the Andean peaks. It is the paradise from where the echo of the voices that inhabit it still reaches her, now transformed into a harmonious lyrical song: a message of solidarity with the other, of unconditional love for the neighbor. Centuries will pass. As in other moments of Western history, the voice of migrants will once again reveal the beauty of the world and the value of human dignity.

Marco Antonio Tello, researcher, literary
critic, writer.